AF263419

HENRI MARTIN

HISTOIRE

D'UNE IMPÉRIA

PEU CONNUE

AU LECTEUR

—

Le roman n'est que la vérité déguisée, la boulette plus ou moins dorée, sous la forme de laquelle l'auteur l'administre au lecteur.

Je préfère, pour moi du moins, un récit véridique et exact des choses telles qu'elles se passent ordinairement.

Ne vaut-il pas mieux juger sainement que d'être trompé par son imagination?

C'est pour cette raison que j'ai publié ce petit ouvrage, où j'ai reproduit des faits dont la conséquence est bien plutôt propre à détourner du vice qu'à le montrer sous un aspect séduisant.

Vers le mois d'octobre 1855, par une soirée d'automne pluvieuse et fraîche, trois personnes, dont l'extérieur indiquait qu'elles appartenaient à la bourgeoisie, se trouvaient réunies dans la salle d'auberge du Lion d'or à Saint-Jean-Pied-de-Port, sur la frontière de France et d'Espagne ; deux de ces hôtes s'abandonnaient à la douleur, en laissant échapper des sanglots sincères ; ils étaient tous deux encore très-jeunes et venaient de perdre, depuis quelques heures, la mère qu'ils chérissaient ; le troisième, qui était le père et dont le costume et les manières indiquaient un sous-officier en retraite, paraissait mieux prendre son parti et réfléchir déjà à ce qui restait à faire.

Sa femme dirigeait seule l'auberge à la tête de laquelle il se trouvait maintenant, et il se sentait incapable de continuer l'exploitation de sa maison, son unique ressource. Et encore ses affaires n'étaient pas nettes : la maladie de sa femme avait été longue et dispendieuse ; les dernières années n'avaient pas été heureuses et l'on pouvait s'attendre à de promptes inquiétudes de la part des créanciers.

Il avait deux enfants sur les bras. Le garçon âgé de dix-huit ans pouvait au besoin entrer au service ; mais le père avait gardé de son temps de garnison un souvenir assez pénible, et pendant les quelques années où il avait vécu libre, grâce à l'activité et à l'ordre de son épouse, il avait rêvé pour son fils un avenir meilleur, se promettant de lui épargner les cruelles épreuves qu'il avait subies. Il savait bien que, sans protections sérieuses on croupit dans les rangs inférieurs de l'armée ; et le jeune Victor avait d'ailleurs un caractère tout opposé à celui que nécessitent la soumission et la dépendance.

II

Quant à la jeune fille, dont nous allons essayer de tracer l'histoire, c'était déjà au physique une ravissante personne, blonde, élancée, fraîche et d'un caractère doux et prévenant. A quinze ans, elle avait tous les germes de la beauté allemande, avec ses cheveux couleur de lin et ses grands yeux bleus et mélancoliques.

Les craintes du père ne tardèrent pas à s'accomplir. Huit jours après la mort de sa femme, les meubles furent vendus et la famille fut forcée de se retirer dans une petite maison, à quelque distance de la ville. A deux ans de là, le père mourut et le fils s'engagea.

Restait la jeune Marie. Elle fut retirée par une vieille tante, et c'est à partir de cette époque que commencèrent tous les malheurs de sa vie. Avec sa beauté, son isolement, son innocence, elle devait naturellement exciter la cupidité de bien des hommes et être considérée comme une victime facile à prendre.

Au temps où ses parents tenaient l'auberge du Lion d'or, venait tous les ans à la même époque, à la saison des bains, un célèbre médecin de Paris, accompagné d'un aide, élève du Val-de-Grâce. Cet aide — aujourd'hui médecin à Di... — était un jeune homme de vingt-deux ans, d'une physionomie commune et qui portait dans les traits la bassesse de ses sentiments. Il y avait trois ans qu'il accompagnait le médecin en chef à Saint-Jean-Pied-de-Port, où il avait remarqué la jeune Marie. Voulant profiter de son inexpérience et de sa jeunesse, il s'était juré à lui-même de ne pas laisser passer une occasion aussi favorable.

Tant que le père vivait, il avait craint les conséquences de son crime ; mais aujourd'hui, abandonnée de tous, Marie devenait une proie facile. D'ailleurs il était bien accueilli par elle, la connaissant déjà de vieille date, et il pouvait en toute liberté travailler à son projet.

Mais la jeune fille était honnête ; il lui promit le mariage, et un beau soir il lui donna rendez-vous dans un bois voisin de la ville.

» Ma chère enfant, lui dit-il, vous n'ignorez pas la pureté de mes sentiments et mon intention bien arrêtée de m'unir à vous ; je vous aime depuis bientôt trois ans, et maintenant que vous en avez quinze, nous allons pouvoir nous épouser. Pensez-y bien : je vous apporte une position à laquelle vous ne pouviez vous attendre ; étant pauvre comme vous l'êtes, vous n'eussiez jamais été que la femme d'un artisan, et vous allez devenir celle d'un médecin. La cause de ce sacrifice, Marie, ne la cherchez pas ailleurs que dans l'amour que m'ont inspiré votre beauté et la douceur angélique de votre caractère ; n'y voyez que le désir de vous donner un ami et un protecteur. »

En disant ces paroles mensongères, il prodiguait à la belle enfant les plus coupables caresses ; ignorant le mal et croyant à ce qu'elle venait d'entendre, elle souffrait plutôt qu'elle n'encourageait les manifestations de son séducteur. A partir de ce soir là, elle n'eût déjà plus l'innocence, ce trésor qu'une fille ne perd qu'une fois.

III

Rentrée chez sa tante, elle s'efforça de paraître aussi calme, aussi douce qu'à l'ordinaire ; mais elle eut une nuit terrible : la fièvre et le délire l'agitèrent jusqu'au matin. Elle avait comme un pressentiment que cet homme l'avait abusée, qu'il n'avait été mu que par un désir brutal ; elle se rappelait avec terreur le sourire sardonique qu'elle avait surpris sur ses lèvres, quand il eut assouvi sa passion. Elle se sentit tout à coup agitée par des sentiments qui lui avaient été étrangers jusqu'alors ; la haine contre les hommes, le mépris pour son séducteur, le souvenir de son innocence et la conscience de sa faute, occupaient tour à tour sa pensée ; car c'était une nature délicate et sensible, chez laquelle une instruction assez soignée avait développé l'esprit naturel. Elle souffrait aussi par fierté de caractère ; si elle allait être abandonnée et qu'elle fût enceinte, comment supporterait-elle le mépris de ses compagnes et de tout le public, si méchant, si impitoyable dans ces petites localités.

Elle pouvait, dans ce cas, s'attendre à être délaissée par sa tante elle-même, et alors que deviendrait-elle, sans moyens d'existence, sans protection ? Il y avait de quoi briser une organisation plus forte que celle de la jeune Marie, dont la vie avait été si pure et si sainte.

Ses tristes prévisions s'accomplirent en tous points : quelques jours après, son

séducteur retourna à Paris, heureux
d'échapper aux reproches et aux obses-
sions de la malheureuse; neuf mois ensuite,
elle accouchait d'un garçon.

Etant mère, elle devait désormais son-
ger à un être qui doublait pour elle les
difficultés de la vie ; désespérée, elle s'en-
fuit de la ville où s'était passée son enfance, autant pour échapper aux conséquences de sa faute que pour trouver
ailleurs, dans une ville plus considérable,
et des ressources contre sa misère, et une
plus grande obscurité pour cacher sa
honte. Elle laissa son enfant à une nour-
rice des environs et fit à pied la route de
Bordeaux. Après de longues journées
d'une marche pénible, elle arriva dans
cette ville où elle ne connaissait personne.
Dans son malheur, elle eut encore la bonne
fortune de faire, dans l'hôtel où elle des-
cendit, une heureuse rencon re ; elle y ap-
prit qu'une personne était à la recherche
d'une femme capable de tenir un comp-

toir dans un des cafés les plus importants de la ville ; elle s'offrit sur le champ, et fut acceptée.

Grâce à son intelligence, à sa douceur, elle sut s'attirer la confiance et, de plus, devint pour l'établissement une cause de prospérité ; car sa beauté et la distinction de ses manières y attiraient tous les soirs les jeunes gens les plus élégants de la ville. Elle était pour cette raison aimée de ses maîtres, dont elle recevait largement de quoi défrayer sa toilette et pourvoir à l'entretien de son enfant. Rentrée dans la bonne voie et l'estime de tout le monde, elle retomba, par une malheureuse faiblesse de femme, dans une seconde faute, plus fatale peut-être pour elle que la première, car elle y gagna la corruption du cœur, à laquelle rien ne survit.

IV

Ce qui la fit succomber cette fois, ce ne

fut pas au moins l'amour du vice, elle en
en connaissait déjà la valeur ; ce fut le
goût du luxe et les promesses dorées.
Dans une ville aussi riche que Bordeaux,
elle avait appris à aimer les belles choses,
et, dans la position qu'elle occupait, ne
pouvant, étant sage, se satisfaire, elle ne
demanda pas mieux que de faillir une seconde fois, le jour où elle crut reconnaître
dans un nouvel amant une bonne occasion
de tater un peu à la vie élégante et oisive.

Et, puisqu'il faut le dire, jamais fille
d'Eve ne fut plus facile à prendre, quand
on se présentait à elle avec des dehors
qui lui plaisaient. Elle était d'une faiblesse
désespérante et d'une sensibilité que n'ont
pas toutes ses semblables. Son nouveau
caprice était d'ailleurs un de ces beaux
auxquels rien ne résiste ; il occupait une
position des plus éminentes ; la belle, on
le comprend, ne tarda pas à se rendre, et
encore il lui fallut des preuves d'amour ;
on lui en fournit, et la pauvre fille, s'ima-

ginant qu'on l'aimait pour elle, qu'on ne l'abandonnerait jamais, sortit de son comptoir pour entrer dans la vie galante. On lui loua un appartement magnifiquement meublé dans le quartier le plus élégant de la ville; elle eut sa bonne, sa cuisinière; jamais, en un mot , elle n'eût pensé atteindre à ce qu'elle considérait comme de la grandeur.

Son glorieux amant ne lui rendait sa visite que le soir, en sorte que le jour elle avait carte blanche et pouvait se distraire en liberté. Dans une position aussi brillante, elle ne tarda pas à faire des connaissances parmi les femmes galantes de la ville; et puis elle avait un caractère si sympathique que, pour le moment, elle se vit entourée, choyée et comblée de prévenances par toutes celles qui se disaient ses amies. Mais ses relations lui perdirent le cœur, et c'est à partir de cette époque qu'elle acquit ce caractère vicieux que nous lui verrons dans la suite ; elle vit

autour d'elle l'étalage de tous les sentiments les plus corrompus, la haine, la jalousie, l'orgueil, la perfidie, et, en géné-
ral, tous ceux qui ornent le cœur de ces
petites dames. Ne les connaissant pas encore, elle fut plus d'une fois victime de
son ignorance et de sa bonté, en les ac-
cueillant dans l'abandon, et en les secou-
rant dans leur misère.

Elle était devenue, en un mot, la reine
du vice dans cette grande ville, grâce aux
prodigalités de son Céladon dont elle était
éperdûment aimée. Avec ses grâces natu-
relles, elle avait déjà fait des progrès énormes dans l'art de s'attacher un homme en
excitant ses désirs et réchauffant son
amour par une froideur calculée ou par
des scènes de jalousie.

Elle avait d'ailleurs, de temps en temps,
de ces excitations nerveuses, dont elle tirait
admirablement parti pour lui faire croire à
son attachement. Mais il n'en était rien,
elle n'aima jamais personne ; elle eut bien

des fantaisies de courte durée, mais elle ne connut et se défendit à tout jamais de connaître l'amour. C'était désormais un de ses principes ; elle eût cru faire fausse route en donnant dans la sincérité. Et puis, disait-elle souvent, vous autres hommes, vous nous dédaignez dès que vous vous sentez aimés. Elle avait un peu raison, nous sommes tous plus ou moins amateurs de l'impossible.

V

En un mot, elle était à peu près heureuse, si toutefois le bonheur consiste dans la satisfaction des besoins matériels et dans certains petits triomphes d'amour propre. Elle avait des louis autant qu'elle pouvait en dépenser, de la toilette à faire crever de jalousie ses connaissances, des meubles et un appartement de très bon goût, à ses pieds un homme jeune, beau, aimable ; et encore était-elle d'une mélancolie profonde à certains jours : l'avenir l'effrayait, car elle ne fut jamais folle comme la plupart de ses semblables, et l'on ne peut pas dire qu'elle jeta jamais son bonnet par dessus les moulins.

Elle conserva toujours au milieu du désordre, un certain calme qui n'est pas ordinaire, et pourtant elle n'était pas triste. Seulement elle était née je crois pour être honnête ; mais les circonstances ne l'avaient pas voulu ; donc l'avenir ne lui semblait pas aussi rose qu'elle aurait pu le désirer ; car avec l'amour de celui auquel elle devait tout, pouvait bien s'anéantir tout ce beau présent, et il faut si peu de chose pour changer les goûts d'un homme capricieux ! D'autant plus que celui-là était marié, mais à une dame qui entendait raison sur ce chapitre-là, paraît-il, puisqu'un soir à l'opéra, étant avec elle, il osa lui dire que la femme qu'elle voyait en face d'eux, dans une loge, était sa maîtresse.

S'il agissait ainsi, c'est qu'il savait bien que la jalousie était le moindre défaut de son épouse; mais celle-ci, sans faire de bruit, fit passer deux mots à Mlle Marie, pour l'avertir qu'elle avait une rivale légitime et qu'elle avait tout intérêt à ne plus recevoir son mari.

La menace resta sans résultat et les deux amants continuèrent à se voir jusqu'au moment où le consul (il était consul), fut obligé par ses fonctions de quitter Bordeaux pour l'une de nos colonies.

C'était un homme du monde; il se sépara d'elle, peut-être avec un certain regret, mais comme l'on quitte un objet de luxe auquel on tient quelque peu.

Quelle est la femme qui pourrait entraver la poursuite d'une noble ambition? Il n'écoutait en ce moment que la voix de son devoir, disait-il à l'infortunée qui tremblait de voir une fois de plus s'affaisser devant elle le fantôme de son bonheur. Il fallut bien se consoler et chercher ailleurs fortune. Elle n'eut pas le temps. Elle fit à cette époque la plus grande maladie qu'elle éprouva jamais, et faillit mourir. Elle eut alors l'occasion d'apprécier le dévouement de ceux qui la servaient. Sa maison fut mise au pillage, on ne lui laissa littéralement rien, et quand, revenue à la vie, elle voulut acquitter les frais qu'avait nécessités sa maladie, il fallut vendre les meubles.

Elle se trouva dans le dénûment le plus complet. Trop faible pour se faire un autre amant, elle se vit abandonnée de toutes ses anciennes connaissances, qui ne daignèrent pas seulement lui faire l'aumône. Elle fut, en un mot, sur le pavé, couchant la nuit où elle pouvait, dans les granges, aux coins des bornes. C'est par miracle qu'elle ne mourut pas de faim ; elle passa deux jours sans manger, trop fière pour tendre la main à personne. L'idée du suicide lui traversa plus d'une fois le cerveau. La seule considération qui la retint, et il faut le dire à sa louange, ce fut son fils. Elle était, après tout, le seul soutien de cet infortuné, et elle voulut vivre pour lui. Peut-être aurait-il mieux valu pour elle périr que de vivre au prix dont elle allait acheter l'existence : la nécessité et l'intérêt de la conservation sont parfois de mauvais conseillers.

VI.

Il existait alors aux environs de la ville, dans un faubourg éloigné, une maison délabrée, qui servait d'asile de nuit aux malheureux. Quand la pauvre fille fut lasse de coucher en plein air et qu'elle connut ce refuge, elle alla y abriter sa royauté déchue. La propriétaire de cet infect réduit était en relations suivies avec des agents de corruption de la ville et des environs ; elle vit dans cette fille jeune, jolie, un objet de spéculation avantageuse et en avertit certaine femme qui tenait à Toulouse une maison de tolérance. On fit entendre à Marie qu'on lui avait trouvé dans cette ville un homme fort riche dont elle deviendrait la maîtresse ; qu'elle allait ainsi recouvrer une position avantageuse, qu'il ne tenait qu'à elle de l'échanger contre la misère. Dans son état d'accablement, elle se laissa prendre au langage doré de la vieille et l'on vint la chercher pour la destination qu'on lui réservait.

On l'entoura de prévenances, on lui mit sous les yeux de quoi séduire son imagination de femme, des robes, des bijoux, de l'argent, et elle fut installée comme faisant désormais partie de la maison. Quand elle fut à même de comprendre le piége où elle était tombée, elle s'abandonna aux larmes et au désespoir ; elle se voyait désormais au dernier échelon de l'échelle sociale, n'ayant plus même la liberté qu'elle n'avait jamais encore perdue ; elle frémissait en pensant qu'elle était désormais destinée à essuyer les passions des individus souvent les plus méprisables : qu'on pourrait lui imposer les caresses du voleur, du faussaire, de l'assassin.

Si l'on rencontre ici-bas des organisations perdues, dont l'apparente tranquillité ne saurait s'émouvoir au contact du vice et du crime, il en est quelques unes d'un autre caractère et qui protestent énergiquement, quand on veut les contraindre à ce qui leur semble horrible. Mais que peut l'indignation d'une femme abandonnée de tous, quand elle a pour adversaire la nécessité et quand elle s'est déjà tant soit peu fourvoyée dans le vice. Elle poussera des cris de rage, vomira l'insulte à la face de ses bourreaux, mais, en fin de compte, elle finira toujours par céder.

Après donc avoir versé toutes les larmes de ses yeux, elle se résigna à sa nouvelle position et commença à comprendre que dorénavant elle devait, comme celles dont elle était entourée, et aux façons desquelles il fallait se conformer, prendre la vie en dérision, et ne pas détériorer par les pleurs les charmes de sa personne qui lui devenaient si nécessaires. Elle était d'ailleurs dans une des maisons les mieux fréquentées, et les hommes dont elle recevait les visites étaient, à quelques exceptions près il y a toujours des exceptions) des hommes comme il faut. Elle eut l'avantage de plaire tout d'abord à la clientèle ordinaire; elle mérita à sa protectrice les éloges les plus encourageants et, il faut le dire aussi, les bénéfices les plus fabuleux. La pudeur nous défend de dire à quels chiffres énormes elle porta la recette dans les premiers mois; à certains moments la vérité doit se voiler la face.

VII.

Elle avait alors vingt-deux ans, et se trouvait dans tout l'éclat de sa beauté. Ce n'était plus au moins la frêle jeune fille aux contours douteux, à l'œil timide, aux aspirations romanesques, ni la maîtresse novice et crédule, fondant des espérances sur l'amour d'un homme ; tout chez elle s'était fortifié avec le temps : le corps et l'esprit. Elle ne comptait plus que sur elle-même et faisait bon marché des protestations amoureuses et banales dont elle était encensée chaque jour. Le sourire était stéréotypé sur ses lèvres sensuelles et, la coupe en main, elle savait au besoin entonner un refrain bachique et faire naître le désir chez ceux qui l'entouraient.

Si parfois, au milieu de l'orgie, les incidents de son enfance, l'image de sa mère, venaient lui traverser le cerveau, elle repoussait ses souvenirs indiscrets, comme indignes de la circonstance, et se réservait d'en pleurer en secret quand elle était rendue à elle-même. D'ailleurs tout en elle avait dû subir une transformation en franchissant le seuil impudique de la maison qui l'abritait ; son doux nom de Marie avait été remplacé par celui de Blanche, le premier lui apportant de trop pénibles pensées.

Malgré sa déchéance, elle était fière et parfois insolente quand on l'y forçait ; elle tirait sa fierté de la valeur personnelle qu'on lui reconnaissait chaque jour, et son insolence avait un fonds inépuisable dans les malheurs qu'elle subissait.

On comprend l'influence morale qu'elle dût inévitablement exercer dans ce repaire du vice, sur toutes les créatures abruties qui le composaient, et pourtant elle eût toujours assez d'esprit pour ne provoquer jamais ni haine ni jalousie. Dans de telles conditions, elle n'avait plus désormais qu'une espérance, inspirer un caprice à quelqu'un de ceux qui fréquentaient la maison et reconquérir sa liberté. Elle saurait désormais diriger sa barque et se guider dans le chemin de la vie.

Depuis bientôt six mois elle remarquait les visites assidues d'un jeune étudiant en

médecine; elle avait déjà eu de nombreu-
ses occasions d'en apprécier la galanterie;
il était franc, tapageur, dissipant assez
bien l'argent de sa famille, et d'une jalousie féline. C'était de ce côté là qu'elle
devait diriger ses plans, aussi lui témoi-
gnait-elle des égards particuliers; il était
lui-même loin d'être insensible à ses
avances, qu'on eût dit l'expression d'un
d'un véritable amour. Elle fit si bien qu'il
tomba pleinement dans ses filets, passant
auprès d'elle tous ses instants et aimant
cette fille déchue avec toute l'ardeur d'un
premier épanchement. Il n'est pas de câ-
lineries, de scènes dramatiques qu'elle
n'improvisât pour l'amener à lui faire des
offres sérieuses. « Mon chéri, lui dit-elle
un soir, je souffre de t'aimer autant dans
la maison où je suis; il m'est pénible
d'être dans la nécessité d'accorder au premier venu ce que je voudrais réserver pour
toi seul; et de ton côté, tu n'es pas sans
désirer une maîtresse qui t'appartienne;

si tu veux un avant-goût du paradis sur la terre, paie mes dettes et partons ensemble pour Paris. »

Quelques semaines après, le jeune homme donnait deux mille francs à la maison, et les deux amants prenaient le chemin de capitale.

VIII

Elle avait promis d'être bonne fille, elle tint parole jusqu'à un certain point. Ils s'installèrent commodément dans un hôtel du quartier latin et passèrent les premiers mois à goûter les charmes de l'amour et de la liberté.

Mais elle se sentait sur un pavé brûlant, elle respirait le même air que ces lorettes bienheureuses qui conduisent leur équipage aux Champs-Élysées; elle rêvait malgré elle à côté de son étudiant, aux princes russes et aux grandeurs de ce

monde. Son amant, au contraire, ne voulant pour elle que les toilettes les plus
simples. Dans les bals, au théâtre, il la
surveillait en argus jaloux et entravait
ainsi l'essor de son imagination. Et après
tout, se disait-elle souvent à elle-même,
que me restera-t-il de ce jeune homme
quand j'aurai passé avec lui mes plus
belles années.

Il perdait son temps à lui promettre un
avenir, elle avait été si souvent la dupe
de ses illusions, qu'elle ne croyait plus
qu'au présent. De là, le premier nuage
jeté sur leur bonheur. Il ne lui manquait
plus alors que l'occasion pour faillir. De
son côté, le jeune homme se fit des amis
qui le raillèrent sur sa fidélité de caniche,
et lui conseillèrent chaudement de s'af-
franchir d'un bonheur qu'ils jalousaient.

Du premier froid jeté sur ce ménage
improvisé par le concours de ces circonstances, aux scènes violentes et aux corps,
il n'y a qu'un pas ; un soir qu'elle s'était

permis de lui faire de sages obser-
vations sur l'heure indue où il rentrait,
elle fut si bien battue, qu'elle garda la
chambre deux jours et une cicatrice au
front qu'elle s'honore de porter encore
aujourd'hui. Il s'en repentit sincèrement
quand il vit couler le sang de la malheureuse, la conjura à genoux de lui pardon-
ner un moment de vivacité, et fit tout ce
qu'il put pour effacer de sa memoire cet
acte de brutalité où la jalousie n'était pas
sans avoir une certaine part.

Malgré tout, elle ne put jamais l'oublier,
et si, à partir de ce jour, elle continua de
vivre avec lui, c'est qu'elle ne rencontra
pas l'occasion de s'en séparer, se jurant
bien à elle-même d'échapper à cette tyran-
nie quand aux vacances il rentrerait dans
sa famille.

Ils continuèrent en attendant cette époque à vivre le plus joyeusement possible,
retenus l'un à l'autre, le jeune homme
par un attachement véritable et le sou-

venir des sacrifices d'argent qu'il avait faits pour elle, et l'autre par la nécessité ; car ses rêves d'avenir s'étaient une fois de plus brisés en présence de la réalité, elle était descendue à se persuader qu'elle était encore heureuse de sa modeste position, et puis elle savait dorénavant que les jolis femmes à Paris ont à supporter une trop rude concurrence.

IX

Elle n'ignorait pas que malgré ses emportements, ce jeune homme ne l'aimât beaucoup, et pour exciter sa jalousie et l'inviter en sa faveur à de nouveaux sacrifices, elle revint à Toulouse pendant les vacances, tandis qu'il était lui-même rentré dans sa famille. Tout porte à croire qu'il trouva depuis à se consoler de la perte de sa première maîtresse, car il ne revint point la

chercher dans la ville où elle habite main
tenant.

Avec les quelques économies qu'ell
avait pu faire pendant la série de ses aven
tures, elle s'est acheté un magasin d
modes, et vit honnêtement de son travail
de la même façon que quelques-unes de
ses semblable, mais qui ont mené l'exis
tence sur une plus vaste échelle, se reti
rent pendant l'été dans leurs terres de l
Tourraine. Toujours est-il que, revenue de
de ses illusions de jeunesse, elle ne veu
plus croire désormais qu'à l'amour de son
fils dont l'affection et l'intelligence la con
solent un peu des tristes souvenirs que lui
apporte parfois sa conscience.

FIN.

Toulouse, impr. Caillol et Baylac, rue de la Pomme, 34.